NORDASIEN
OST- UND SÜDOSTEUROPA
OST- UND SÜDOSTASIEN
VORDERASIEN
WEST- UND SÜDASIEN
OZEANIEN UND AUSTRALIEN
ZENTRAL- UND OSTAFRIKA
SÜDLICHES AFRIKA

FLAGGEN
DER
WELT

Zusammengestellt von: Gaby Goldsack
Illustrationen: Martin Cater
Fachberater: Michael Faul, The Flag Institute

Parragon Books Ltd
15–17 Trim Street
Bath BA1 1HE, UK

Übersetzung aus dem Englischen: Heinrich Degen, München
Redaktion und Projektmanagement: Nazire Ergün, Köln
Verlagskoordination: trans texas Publishing Services GmbH, Köln

ISBN 978-1-4723-1377-5

Printed in Malaysia

FLAGGEN DER WELT

Parragon
Bath • New York • Singapore • Hong Kong • Cologne • Delhi
Melbourne • Amsterdam • Johannesburg • Shenzhen

Inhaltsverzeichnis

الله اكبر

Wissenswertes über Flaggen

VEXILLUM

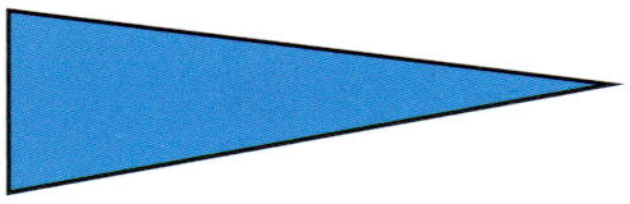

WIMPEL

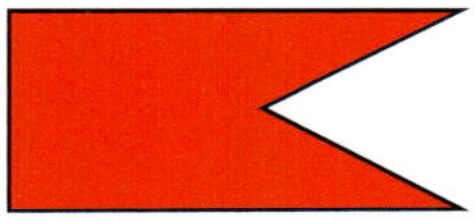

DOPPELSTANDER
(SCHWALBENSCHWANZ)

PIRATENFLAGGE
(JOLLY ROGER)

KOMMUNISTISCHE
ROTE FAHNE

AFRIKANISCHER
NATIONALKONGRESS

Die ersten Stofffahnen entstanden vermutlich in China. Sie wurden oft aus verschiedenen Stoffstücken zusammengenäht und mit Emblemen des Herrschers bemalt oder bestickt.

In Europa gibt es seit römischer Zeit Fahnen: Standartenträger der römischen Kavallerie trugen das Vexillum, das Abzeichen. Die Kreuzfahrer des Mittelalters schmückten ihre Lanzen mit einem dreieckigen Wimpel, wenn sie in den Kampf zogen.

Im 17. Jahrhundert segelten einige Piraten der Karibik unter einer eigenen Flagge. Viele hissten die berüchtigte Piratenflagge mit dem Totenkopf (Jolly Roger), um den Besatzungen anderer Schiffe das Entern und Plündern anzukündigen. In der Seefahrt sind Flaggen seit langem im Gebrauch, sie dienen der Identifikation von Schiffen und der Übermittlung von Botschaften, vor allem auch bei Seeschlachten. Daraus hat sich im Laufe der Jahrhunderte ein international anerkannter Signalcode, das Flaggenalphabet, entwickelt.

Als im 18. Jahrhundert viele Länder begannen, für ihre staatliche Unabhängigkeit zu kämpfen, wurde die Flagge zu einem Symbol der nationalen Identität. Die Rote Fahne der Kommunisten und die Flagge des ANC (Afrikanischer Nationalkongress) stehen für breite, internationale politische Bewegungen. Heute gibt es 194 offiziell anerkannte Staaten mit Nationalflaggen, auch umstrittene Gebiete führen häufig eine eigene Flagge. Daneben verwenden viele Provinzen, Bundesstaaten, Städte und Organisationen Flaggen als Zeichen ihrer Identität.

Folgende Informationen werden hier zu jeder Flagge angegeben:

NAME DES LANDES

Seitenverhältnis: Das Verhältnis zwischen Höhe und Breite der Flagge bestimmt ihre Form.
Einführungsjahr: Datum der ersten offiziellen Einführung der Flagge.
Hauptstadt: Die Stadt, in der die Regierung ihren Sitz hat. Ein roter Punkt zeigt ihre Lage auf der Karte.
Einwohner: Die Zahl der Einwohner eines Landes.
Währung: Das im Land verwendete Geld.

Eine kurze Beschreibung der Flagge und ihrer Bedeutung.

FLAGGENTYPEN

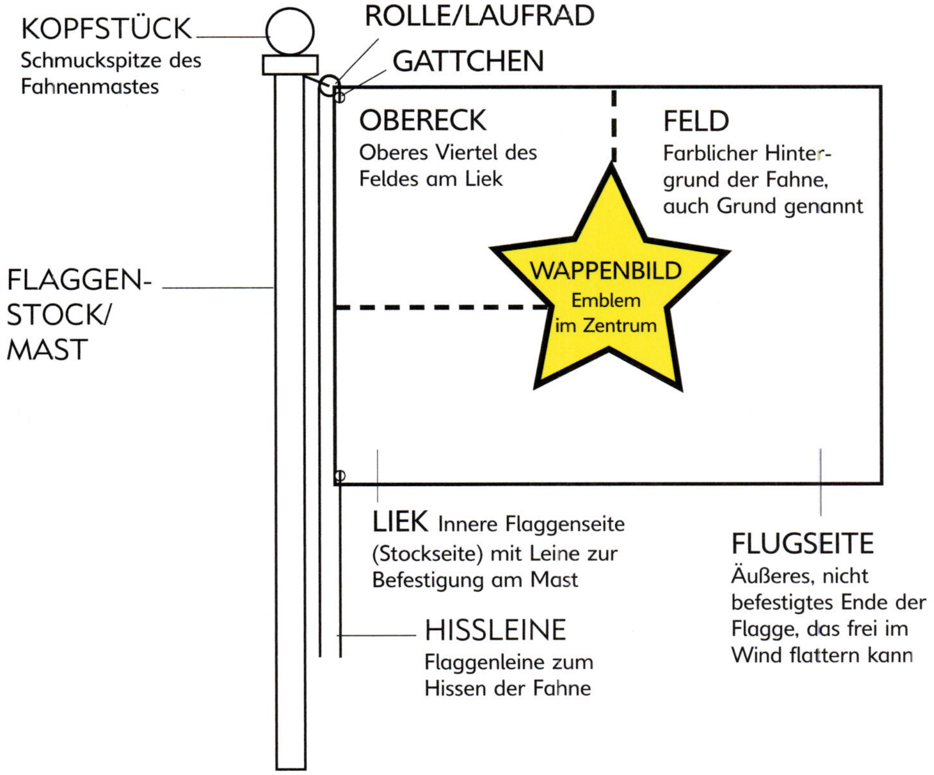

Heute sind die meisten Flaggen quadratisch oder rechteckig. Die rechteckige Form kann stark variieren: Das Seitenverhältnis (Quotient) beschreibt das Verhältnis von Höhe zu Breite einer Flagge. Bei einem Seitenverhältnis von 1:2 ist eine Flagge doppelt so breit wie hoch.

Viele Flaggen bestehen aus streifen- oder blockförmig angeordneten Farbflächen mit einem Emblem oder Wappen in der Mitte. Hier sind einige gebräuchliche Flaggenmuster:

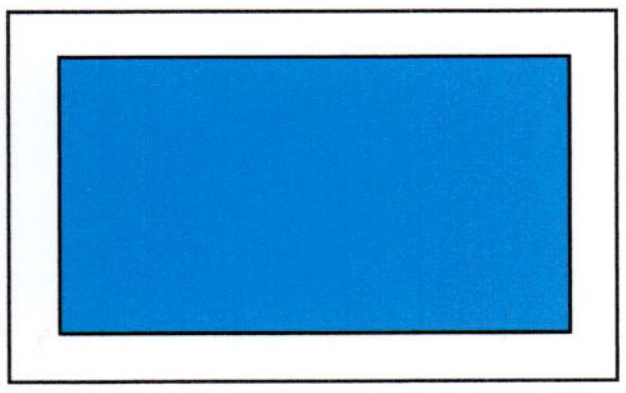

RAND Ein Farbstreifen, der die Außenkanten der Flagge säumt

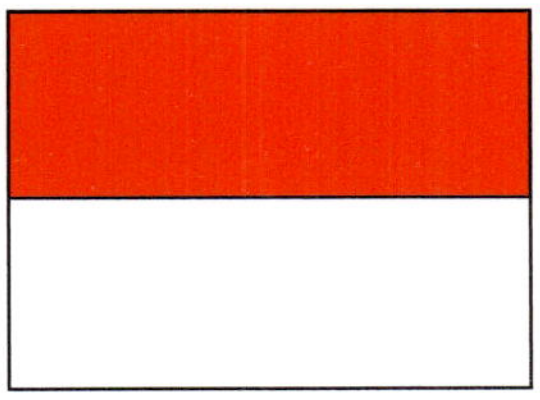

BIKOLORE Zwei Farbstreifen, die waagerecht oder senkrecht angeordnet sind

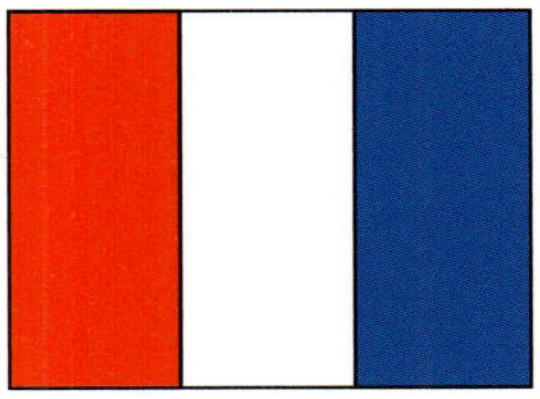

TRIKOLORE Drei verschiedene Farbstreifen, die waagerecht oder senkrecht angeordnet sind

GEVIERT Ein in gleiche Viertel aufgeteiltes Flaggenfeld

KREUZ Ein mittig angeordnetes Kreuz, das das Feld teilt

SKANDINAVISCHES KREUZ Ein zum Liek verschobenes Kreuz

SCHRÄGKREUZ Ein diagonales, x-förmiges Kreuz

GRIECHISCHES KREUZ Ein Kreuz mit gleich langen Balken ohne Verbindung zum Flaggenrand

DREIECK Ein Dreieck jeglicher Form und Größe

UMRANDUNG Ein schmales Band zur Abgrenzung zweier Farben

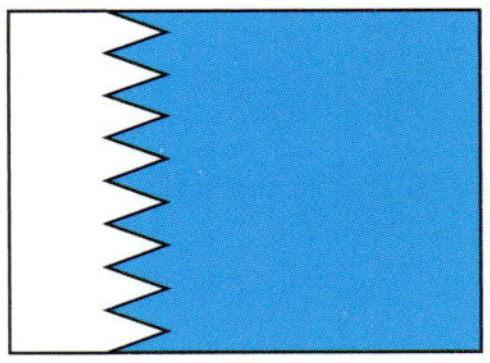

ZACKENSCHNITT Eine Zickzacklinie, die zwei Farbfelder voneinander trennt

NORD- UND MITTELAMERIKA

Nord- und Mittelamerika bilden eine riesige, dreieckige Landmasse, die von Pazifischem und Atlantischem Ozean sowie dem Nordpolarmeer umgeben ist. Zu diesem Teil des amerikanischen Kontinents zählen Kanada, die Vereinigten Staaten von Amerika, Mexiko, die Länder Mittelamerikas und die Inseln der Karibik.

Die knapp 88 Kilometer breite Beringstraße trennt Nordamerika von Asien. Der Mount McKinley in Alaska ist mit 6194 Metern der höchste Berg Nordamerikas. Der längste Fluss ist mit 3779 Kilometern der Mississippi; er fließt in nordsüdlicher Richtung durch zehn US-Staaten und mündet in den Golf von Mexiko.

KANADA

Seitenverhältnis: 1:2
Einführungsjahr: 1965
Hauptstadt: Ottawa
Bevölkerung: 31.082.000
Währung: Kanadischer Dollar

Das Ahornblatt ist seit 1860 das nationale Symbol des waldreichen Landes.

GRÖNLAND

Seitenverhältnis: 2:3
Einführungsjahr: 1985
Hauptstadt: Nuuk
Bevölkerung: 56.000
Währung: Dänische Krone

Grönland gehört zu Dänemark, genießt aber innere Autonomie.

VEREINIGTE STAATEN VON AMERIKA

Seitenverhältnis: 10:19
Einführungsjahr: 1777
Hauptstadt: Washington D.C.
Bevölkerung: 285.318.000
Währung: US-Dollar

Die 13 Streifen des Sternenbanners symbolisieren die Gründungsstaaten, die 50 Sterne die heutigen Teilstaaten.

MEXIKO

Seitenverhältnis: 4:7
Einführungsjahr: 1968
Hauptstadt: Mexiko-Stadt
Bevölkerung: 99.420.000
Währung: Mexikanischer Peso

Adler und Kaktus erinnern an die aztekische Gründungslegende von Mexiko-Stadt.

GUATEMALA

Seitenverhältnis: 5:8
Einführungsjahr: 1871
Hauptstadt: Guatemala-Stadt
Bevölkerung: 11.638.000
Währung: Quetzal

Das Staatswappen zeigt den Quetzal, den berühmten Vogel des Landes.

BELIZE

Seitenverhältnis: 2:3
Einführungsjahr: 1981
Hauptstadt: Belmopan
Bevölkerung: 247.000
Währung: Belize-Dollar

Das Wappen verweist auf den traditionsreichen Holzhandel des Landes.

EL SALVADOR

Seitenverhältnis: 4:7
Einführungsjahr: 1912
Hauptstadt: San Salvador
Bevölkerung: 6.400.000
Währung: El-Salvador-Colón

Wie alle ehemaligen Mitglieder der Vereinigten Provinzen von Zentralamerika verwendet auch El Salvador Blau und Weiß für seine Nationalflagge.

HONDURAS

Seitenverhältnis: 1:2
Einführungsjahr: 1866
Hauptstadt: Tegucigalpa
Bevölkerung: 6.585.000
Währung: Lempira

Die Sterne symbolisieren die Gründungsstaaten der ehemaligen Vereinigten Provinzen von Zentralamerika.

NICARAGUA

Seitenverhältnis: 3:5
Einführungsjahr: 1908
Hauptstadt: Managua
Bevölkerung: 5.205.000
Währung: Córdoba

Auch Nicaragua übernahm die Flagge der Vereinigten Provinzen von Zentralamerika.

COSTA RICA

Seitenverhältnis: 3:5
Einführungsjahr: 1848
Hauptstadt: San José
Bevölkerung: 3.873.000
Währung: Costa-Rica-Colón

Blau und Weiß stammen von der Flagge der Vereinigten Provinzen von Zentralamerika, zu denen Costa Rica einst gehörte, Rot kam in Anlehnung an die französische Trikolore später dazu.

PANAMA

Seitenverhältnis: 2:3
Einführungsjahr: 1903
Hauptstadt: Panamá
Bevölkerung: 2.897.000
Währung: Balboa, US-Dollar

Die Farben stehen für die beiden wichtigsten Parteien: Blau für die Konservativen, Rot für die Liberalen. Weiß symbolisiert den Frieden.

KARIBIK

Die Inselwelt der Karibik erstreckt sich von Florida entlang der mittelamerikanischen Landbrücke bis nach Venezuela. Die größte der karibischen Inseln ist Kuba. Sie ist mit 110.861 Quadratkilometern so groß wie alle anderen Inseln zusammen, ein Drittel der karibischen Bevölkerung lebt auf Kuba.

Seit dem späten 15. Jahrhundert kämpften die europäischen Seemächte um Einfluss in der Region. Viele Länder wurden erst im 20. Jahrhundert unabhängig.

BAHAMAS

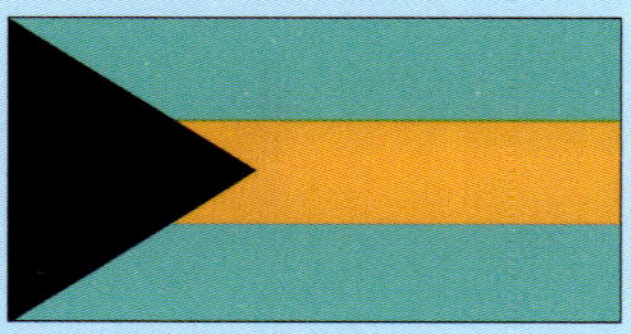

Seitenverhältnis: 1:2
Einführungsjahr: 1973
Hauptstadt: Nassau
Bevölkerung: 310.000
Währung: Bahama-Dollar

Gelb steht für die Sandstrände, Blau für das Meer und Schwarz für den Stolz der Bewohner.

KUBA

Seitenverhältnis: 1:2
Einführungsjahr: 1902
Hauptstadt: Havanna
Bevölkerung: 11.230.000
Währung: Kubanischer Peso

Die Streifen sind von der amerikanischen Flagge abgeleitet. Sie symbolisieren die fünf Provinzen des Landes.

JAMAIKA

Seitenverhältnis: 1:2
Einführungsjahr: 1962
Hauptstadt: Kingston
Bevölkerung: 2.590.000
Währung: Jamaika-Dollar

Grün symbolisiert die grüne Landschaft der Insel, Schwarz steht für die Armut, das gelbe Kreuz für die Sonne.

HAITI

Seitenverhältnis: 3:5
Einführungsjahr: 1897
Hauptstadt: Port-au-Prince
Bevölkerung: 8.132.000
Währung: Gourde

Im Unabhängigkeitskampf gegen Frankreich nähte man aus Fetzen der französischen Flagge eine eigene Fahne zusammen.

DOMINIKANISCHE REPUBLIK

Seitenverhältnis: 2:3
Einführungsjahr: 1844
Hauptstadt: Santo Domingo
Bevölkerung: 8.505.000
Währung: Dominikanischer Peso

Die Flagge Haitis, das einst die Republik beherrschte, wurde durch ein weißes Kreuz abgewandelt.

SAINT KITTS UND NEVIS

Seitenverhältnis: 2:3
Einführungsjahr: 1983
Hauptstadt: Basseterre
Bevölkerung: 45.000
Währung: Ostkaribischer Dollar

Die Farben symbolisieren fruchtbares Land, die Sonne, den Freiheitskampf und das afrikanische Erbe.

ANTIGUA UND BARBUDA

Seitenverhältnis: 2:3
Einführungsjahr: 1967
Hauptstadt: Saint John's
Bevölkerung: 68.000
Währung: Ostkaribischer Dollar

Die Sonne im Zentrum symbolisiert den Aufbruch des Landes in ein neues Zeitalter.

DOMINICA

Seitenverhältnis: 1:2
Einführungsjahr: 1978
Hauptstadt: Roseau
Bevölkerung: 72.000
Währung: Ostkaribischer Dollar

In der Mitte ist eine Kaiseramazone abgebildet, eine Papageienart, die nur auf Dominica vorkommt.

SAINT LUCIA

Seitenverhältnis: 1:2
Einführungsjahr: 1967
Hauptstadt: Castries
Bevölkerung: 157.000
Währung: Ostkaribischer Dollar

Blau steht für das Meer, Gold für die Sonne, Schwarz und Weiß für die Bevölkerung.

SAINT VINCENT UND DIE GRENADINEN

Seitenverhältnis: 2:3
Einführungsjahr: 1985
Hauptstadt: Kingstown
Bevölkerung: 116.000
Währung: Ostkaribischer Dollar

Die drei grünen diamantförmigen Zeichen im Zentrum bilden den Buchstaben V für Vincent.

BARBADOS

Seitenverhältnis: 2:3
Einführungsjahr: 1966
Hauptstadt: Bridgetown
Bevölkerung: 268.000
Währung: Barbados-Dollar

Die Flagge aus der Kolonialzeit, die Britannia mit dem Dreizack zeigt, stand Pate für diese Fahne.

GRENADA

Seitenverhältnis: 3:5
Einführungsjahr: 1974
Hauptstadt: Saint George's
Bevölkerung: 100.000
Währung: Ostkaribischer Dollar

Der Stern in der Mitte repräsentiert Grenadas Hauptstadt, die Sterne am Rand die Bezirke des Landes.

TRINIDAD UND TOBAGO

Seitenverhältnis: 3:5
Einführungsjahr: 1962
Hauptstadt: Port of Spain
Bevölkerung: 1.310.000
Währung: Trinidad-und-Tobago-Dollar

Der schwarze Streifen symbolisiert das Volk und den Öl- und Erdgasreichtum des Landes.

SÜDAMERIKA

Nord- und Südamerika sind über eine schmale Landbrücke, den Isthmus von Panama, miteinander verbunden. Atlantischer und Pazifischer Ozean sowie das Karibische Meer umspülen den Kontinent. Entlang der Westküste erstreckt sich der längste Gebirgszug der Welt, die Anden. Am Aconcagua in Argentinien erreichen sie mit 6959 Metern ihren höchsten Punkt. In den peruanischen Anden entspringt der Amazonas und mündet in Brasilien in den Atlantik. Er ist mit 6579 Kilometern der zweitlängste Fluss der Erde. Brasilien ist das größte südamerikanische Land, es bedeckt fast die Hälfte des Kontinents.

KOLUMBIEN

Seitenverhältnis: 2:3
Einführungsjahr: 1819
Hauptstadt: Bogotá
Bevölkerung: 43.035.000
Währung: Kolumbianischer Peso

Rot steht für Mut, Blau für die Unabhängigkeit, und Gelb erinnert an den Zusammenschluss von Groß-Kolumbien.

VENEZUELA

Seitenverhältnis: 2:3
Einführungsjahr: 1930
Hauptstadt: Caracas
Bevölkerung: 29.278.000
Währung: Bolívar Fuerte

Sieben Sterne repräsentieren die ersten Provinzen, der achte steht für Simón Bolívar, der für die Unabhängigkeit von Spanien kämpfte.

GUYANA

Seitenverhältnis: 3:5
Einführungsjahr: 1966
Hauptstadt: Georgetown
Bevölkerung: 766.000
Währung: Guyana-Dollar

Auf Grund ihres Aussehens nennt man die Flagge Guyanas auch Goldener Pfeil.

SURINAME

Seitenverhältnis: 2:3
Einführungsjahr: 1975
Hauptstadt: Paramaribo
Bevölkerung: 420.000
Währung: Suriname-Dollar

Der gelbe Stern steht für die Einheit der verschiedenen Bevölkerungsgruppen Surinames.

FRANZÖSISCH-GUAYANA

Seitenverhältnis: 2:3
Einführungsjahr: –
Hauptstadt: Cayenne
Bevölkerung: 157.000
Währung: Euro

Französisch-Guayana ist ein Departement von Frankreich und hat daher die französische Trikolore als Flagge.

ECUADOR

Seitenverhältnis: 1:2
Einführungsjahr: 1860
Hauptstadt: Quito
Bevölkerung: 12.879.000
Währung: US-Dollar

Auch Ecuador gehörte einst zu Groß-Kolumbien. Die Flagge unterscheidet sich durch Proportion und Wappen von der Kolumbiens.

PERU

Seitenverhältnis: 2:3
Einführungsjahr: 1825
Hauptstadt: Lima
Bevölkerung: 26.347.000
Währung: Neuer Sol

Der Legende nach soll ein Schwarm Flamingos den Befreier des Landes, San Martín, zu den rot-weißen Streifen inspiriert haben.

BRASILIEN

Seitenverhältnis: 7:10
Einführungsjahr: 1889
Hauptstadt: Brasilia
Bevölkerung: 172.386.000
Währung: Real

Grün steht für die Regenwälder Brasiliens, Gelb für die Bodenschätze des Landes. Die Sterne repräsentieren die 27 Staaten der Föderation.

CHILE

Seitenverhältnis: 2:3
Einführungsjahr: 1817
Hauptstadt: Santiago
Bevölkerung: 15.402.000
Währung: Chilenischer Peso

Blau symbolisiert den Himmel, Weiß den Schnee der Anden und Rot das vergossene Blut im Unabhängigkeitskrieg gegen Spanien.

BOLIVIEN

Seitenverhältnis: 2:3
Einführungsjahr: 1851
Hauptstadt: Sucre (Regierungssitz La Paz)
Bevölkerung: 8.515.000
Währung: Boliviano

Rot steht für vergossenes Blut, Gelb für reiche Mineralvorkommen und Grün für fruchtbares Land.

PARAGUAY

Seitenverhältnis: 1:2
Einführungsjahr: 1842
Hauptstadt: Asunción
Bevölkerung: 5.636.000
Währung: Guaraní

Die von der französischen Trikolore beeinflusste Flagge trägt auf der Vorder- und Rückseite unterschiedliche Embleme.

ARGENTINIEN

Seitenverhältnis: 1:2
Einführungsjahr: 1818
Hauptstadt: Buenos Aires
Bevölkerung: 37.488.000
Währung: Argentinischer Peso

Dargestellt ist die Sonne, die beim Sieg der Freiheitskämpfer über die Spanier im Mai 1810 schien, und das Weiß und Blau des Himmels.

URUGUAY

Seitenverhältnis: 2:3
Einführungsjahr: 1830
Hauptstadt: Montevideo
Bevölkerung: 3.361.000
Währung: Uruguayischer Peso

Pate stand die Flagge Argentiniens, der ersten unabhängigen Nation in Südamerika. Die neun Streifen repräsentieren die Provinzen.

FALKLAND-INSELN

Seitenverhältnis: 1:2
Einführungsjahr: 1948
Hauptstadt: Stanley
Bevölkerung: 2491
Währung: Falkland-Pfund

Die Falklandinseln sind britisches Überseegebiet, daher trägt die Flagge den Union Jack. Das Wappen zeigt ein Schaf.

WEST-, SÜDWEST- UND SÜDEUROPA

Dieser Teil Europas grenzt im Westen an den Atlantik und im Süden an das Mittelmeer. Frankreich ist mit einer Fläche von 543.965 Quadratkilometern das größte Land. Das Staatsgebiet des Vatikans umfasst nur 0,44 Quadratkilometer – der Sitz des Papstes ist der kleinste Staat der Welt.

IRLAND

Seitenverhältnis: 1:2
Einführungsjahr: 1920
Hauptstadt: Dublin
Bevölkerung: 3.839.000
Währung: Euro

Grün steht für die Katholiken, Orange für die Protestanten und Weiß für den Frieden.

GROSSBRITANNIEN UND NORDIRLAND

Seitenverhältnis: 1:2
Einführungsjahr: 1801
Hauptstadt: London
Bevölkerung: 58.800.000
Währung: Pfund Sterling

Die drei Kreuze des Union Jack symbolisieren England, Schottland und Irland.

NIEDERLANDE

Seitenverhältnis: 2:3
Einführungsjahr: 1796
Hauptstadt: Amsterdam (Regierungssitz: Den Haag)
Bevölkerung: 16.039.000
Währung: Euro

Die Flagge greift die Farben Wilhelms von Oranien auf.

BELGIEN

Seitenverhältnis: 13:15
Einführungsjahr: 1831
Hauptstadt: Brüssel
Bevölkerung: 10.286.000
Währung: Euro

Das Wappen von Brabant aus dem 13. Jahrhundert hatte bereits die Farben Gold, Rot und Schwarz.

FRANKREICH

Seitenverhältnis: 2:3
Einführungsjahr: 1794
Hauptstadt: Paris
Bevölkerung: 59.191.000
Währung: Euro

Seit der Französischen Revolution stehen die Farben der Trikolore für Freiheit, Gleichheit und Brüderlichkeit.

LUXEMBURG

Seitenverhältnis: 3:5
Einführungsjahr: 1972
Hauptstadt: Luxemburg
Bevölkerung: 441.000
Währung: Euro

Die Farben stammen vom Wappen des Großherzogs aus dem 13. Jahrhundert.

SCHWEIZ

Seitenverhältnis: 1:1
Einführungsjahr: 1889
Hauptstadt: Bern
Bevölkerung: 7.231.000
Währung: Schweizer Franken

Das weiße Kreuz auf rotem Grund findet man seit 1339 auf der Schweizer Flagge.

ITALIEN

Seitenverhältnis: 2:3
Einführungsjahr: 1946
Hauptstadt: Rom
Bevölkerung: 57.948.000
Währung: Euro

Die Flagge entstand nach der Standarte, die Napoleon im Italien-Feldzug 1796 entworfen hatte.

SAN MARINO

Seitenverhältnis: 3:4
Einführungsjahr: 1862
Hauptstadt: San Marino
Bevölkerung: 30.000
Währung: Euro

Weiß symbolisiert den Schnee auf dem Monte Titano, dem höchsten Berg des Landes, Blau den Himmel.

VATIKANSTADT

Seitenverhältnis: 1:1
Einführungsjahr: 1929
Hauptstadt: –
Bevölkerung: 911
Währung: Euro

Die Flagge der Vatikanstadt zeigt die päpstliche Tiara und die Schlüssel des heiligen Petrus.

ANDORRA

Seitenverhältnis: 2:3
Einführungsjahr: 1866
Hauptstadt: Andorra la Vella
Bevölkerung: 70.000
Währung: Euro

Die Farben verweisen auf die Verbindungen zu den Nachbarn Spanien und Frankreich.

MONACO

Seitenverhältnis: 4:5
Einführungsjahr: 1881
Hauptstadt: Monaco-Ville
Bevölkerung: 30.000
Währung: Euro

Rot und Weiß sind die Farben aus dem Wappen der herrschenden Adelsfamilie Grimaldi.

PORTUGAL

Seitenverhältnis: 2:3
Einführungsjahr: 1911
Hauptstadt: Lissabon
Bevölkerung: 10.024.000
Währung: Euro

Das dem Wappen unterlegte Navigationsinstrument verweist auf die Seefahrertradition.

SPANIEN

Seitenverhältnis: 2:3
Einführungsjahr: 1981
Hauptstadt: Madrid
Bevölkerung: 41.117.000
Währung: Euro

Bereits 1875 benutzten spanische Schiffe Rot und Gelb für ihre Fahnen.

GIBRALTAR

Seitenverhältnis: 1:2
Einführungsjahr: 1982
Hauptstadt: City of Gibraltar
Bevölkerung: 29.500
Währung: Gibraltar-Pfund

Der Schlüssel repräsentiert die strategische Position Gibraltars als Tor zum Mittelmeer.

MALTA

Seitenverhältnis: 2:3
Einführungsjahr: 1964
Hauptstadt: Valletta
Bevölkerung: 395.000
Währung: Euro

Rot und Weiß sind die Farben der Malteserritter, das Georgskreuz kam 1943 dazu.

NORD- UND MITTELEUROPA

Mitteleuropa erlebte am Ende des 20. Jahrhunderts einschneidende Veränderungen. 1991 wurden Estland, Lettland und Litauen von der Sowjetunion unabhängig.

1993 spaltete sich die Tschechoslowakei in die Tschechische und die Slowakische Republik auf. Durch diese politischen Veränderungen entstanden neue Nationalflaggen.

ISLAND

Seitenverhältnis: 18:25
Einführungsjahr: 1915
Hauptstadt: Reykjavík
Bevölkerung: 282.000
Währung: Isländische Krone

Blau symbolisiert den Ozean, Weiß den Schnee und Rot die Vulkane der Insel.

NORWEGEN

Seitenverhältnis: 8:11
Einführungsjahr: 1821
Hauptstadt: Oslo
Bevölkerung: 4.513.000
Währung: Norwegische Krone

Die Farben Rot, Weiß und Blau verweisen auf die französische Trikolore und das Kreuz auf die dänische Flagge.

DÄNEMARK

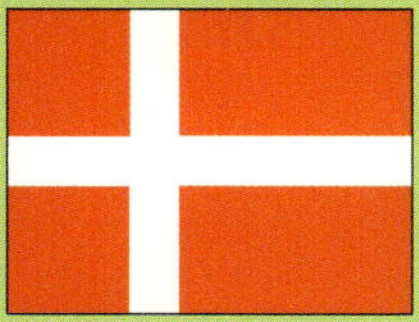

Seitenverhältnis: 28:37
Einführungsjahr: 1625
Hauptstadt: Kopenhagen
Bevölkerung: 5.359.000
Währung: Dänische Krone

Die Flagge mit dem weißen skandinavischen Kreuz gilt als eine der ältesten Flaggen Europas.

SCHWEDEN

Seitenverhältnis: 5:8
Einführungsjahr: 1906
Hauptstadt: Stockholm
Bevölkerung: 8.894.000
Währung: Schwedische Krone

Das Kreuz ist der dänischen Flagge entlehnt, die Farben Gelb und Blau stammen von einem alten schwedischen Wappen.

FINNLAND

Seitenverhältnis: 11:18
Einführungsjahr: 1918
Hauptstadt: Helsinki
Bevölkerung: 5.188.000
Währung: Euro

Das Blau des skandinavischen Kreuzes steht für die vielen Seen, Weiß für den Schnee Finnlands.

ESTLAND

Seitenverhältnis: 7:11
Einführungsjahr: 1920
Hauptstadt: Tallinn
Bevölkerung: 1.364.000
Währung: Euro

Verbundenheit mit Himmel und Meer sowie Streben nach Freiheit werden durch Blau, Schwarz und Weiß dargestellt.

LETTLAND

Seitenverhältnis: 1:2
Einführungsjahr: 1918
Hauptstadt: Riga
Bevölkerung: 2.359.000
Währung: Lats

Der Sage nach symbolisiert die Flagge das weiße, blutgetränkte Leintuch, in das der Führer der Letten nach seinem Tod gewickelt wurde.

LITAUEN

Seitenverhältnis: 1:2
Einführungsjahr: 1918
Hauptstadt: Vilnius
Bevölkerung: 3.482.000
Währung: Litas

Gelb symbolisiert Wohlstand, Grün steht für die Vegetation des Landes, und Rot steht für Patriotismus und Mut.

DEUTSCHLAND

Seitenverhältnis: 3:5
Einführungsjahr: 1848
Hauptstadt: Berlin
Bevölkerung: 82.333.000
Währung: Euro

Die Farben der Flagge stammen von den Uniformen der Soldaten während der Napoleonischen Kriege.

POLEN

Seitenverhältnis: 5:8
Einführungsjahr: 1919
Hauptstadt: Warschau
Bevölkerung: 38.641.000
Währung: Zloty

Die Farben Rot und Weiß gehen auf ein Wappen aus dem 13. Jahrhundert zurück.

TSCHECHISCHE REPUBLIK

Seitenverhältnis: 2:3
Einführungsjahr: 1920
Hauptstadt: Prag
Bevölkerung: 10.224.000
Währung: Tschechische Krone

Die Tschechen behielten nach Abspaltung der Slowaken die alte Flagge. Blau repräsentiert Mähren, Weiß und Rot Böhmen.

ÖSTERREICH

Seitenverhältnis: 2:3
Einführungsjahr: 1918
Hauptstadt: Wien
Bevölkerung: 8.132.000
Währung: Euro

Der blutgetränkte Waffenrock eines Fürsten soll das Vorbild für die Flagge gewesen sein.

LIECHTENSTEIN

Seitenverhältnis: 3:5
Einführungsjahr: 1937
Hauptstadt: Vaduz
Bevölkerung: 30.000
Währung: Schweizer Franken

Rot und Blau repräsentieren die Farben Liechtensteins. Die Krone wurde 1937 zur Unterscheidung von der Flagge Haitis eingefügt.

SLOWENIEN

Seitenverhältnis: 1:2
Einführungsjahr: 1991
Hauptstadt: Ljubljana
Bevölkerung: 1.992.000
Währung: Euro

Weiß, Blau und Rot sind die Farben der panslawischen Bewegung. Das Wappen wurde nach der Unabhängigkeit Sloweniens eingefügt.

OST- UND SÜDOSTEUROPA

Der Zusammenbruch des Kommunismus in der Sowjetunion Anfang der 1990er-Jahre löste gewaltige Veränderungen aus. Viele Länder wie Makedonien und Slowenien wurden unabhängig.

Als Ausdruck der nationalen Souveränität schuf man neue Flaggen oder führte alte wieder ein. Die panslawischen Farben Weiß, Blau und Rot sind dabei häufig vertreten.

Die nach dem Zusammenbruch der Sowjetunion gegründete Russische Föderation umfasst 17.075.400 Quadratkilometer. Das größte Land der Welt erstreckt sich über Osteuropa und Nordasien.

MONTENEGRO

Seitenverhältnis: 3:5
Einführungsjahr: 2006
Hauptstadt: Podgorica
Bevölkerung: 620.000
Währung: Euro

Die Flagge zeigt einen Doppeladler mit Brustschild, auf dem ein schreitender Löwe zu sehen ist.

RUSSISCHE FÖDERATION

Seitenverhältnis: 2:3
Einführungsjahr: 1991
Hauptstadt: Moskau
Bevölkerung: 144.752.000
Währung: Rubel

Die Fahne setzt sich aus den panslawischen Farben Weiß, Blau und Rot zusammen.

WEISSRUSSLAND

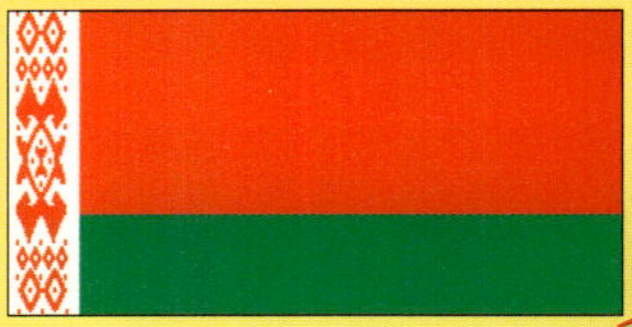

Seitenverhältnis: 1:2
Einführungsjahr: 1995
Hauptstadt: Minsk
Bevölkerung: 9.970.000
Währung: Belarus-Rubel

Das dekorative Band zeigt ein traditionelles Muster der Volkskunst.

UKRAINE

Seitenverhältnis: 2:3
Einführungsjahr: 1918
Hauptstadt: Kiew
Bevölkerung: 49.093.000
Währung: Hrywnja

Das Blau des Himmels und das Gelb der weiten Kornfelder bilden die Farben der Ukraine.

ALBANIEN

Seitenverhältnis: 5:7
Einführungsjahr: 1912
Hauptstadt: Tirana
Bevölkerung: 3.164.000
Währung: Lek

Der Adler verweist auf eine Legende, nach der alle Albaner vom Adler abstammen.

SLOWAKISCHE REPUBLIK

Seitenverhältnis: 2:3
Einführungsjahr: 1992
Hauptstadt: Bratislava
Bevölkerung: 5.404.000
Währung: Euro

Die panslawischen Farben und das Staatswappen bilden die Flagge der Slowakei.

UNGARN

Seitenverhältnis: 2:3
Einführungsjahr: 1957
Hauptstadt: Budapest
Bevölkerung: 10.187.000
Währung: Forint

Rot symbolisiert Stärke, Weiß steht für Treue und Grün für Hoffnung.

RUMÄNIEN

Seitenverhältnis: 2:3
Einführungsjahr: 1989
Hauptstadt: Bukarest
Bevölkerung: 22.408.000
Währung: Rumänischer Leu

Blau steht für die ehemalige Provinz Moldawien, Gelb für die Walachei und Rot für Einheit.

REPUBLIK MOLDAU

Seitenverhältnis: 1:2
Einführungsjahr: 1990
Hauptstadt: Kischinjow
Bevölkerung: 4.270.000
Währung: Moldau-Leu

Die Farben stammen von der rumänischen Flagge, neu hinzu kam das moldawische Wappen.

KROATIEN

Seitenverhältnis: 1:2
Einführungsjahr: 1990
Hauptstadt: Zagreb
Bevölkerung: 4.381.000
Währung: Kuna

Rot, Weiß und Blau sind die traditionellen Farben Kroatiens, das Schild ist das Nationalwappen.

BOSNIEN-HERZEGOWINA

Seitenverhältnis: 1:2
Einführungsjahr: 1998
Hauptstadt: Sarajevo
Bevölkerung: 4.060.000
Währung: Konvertible Mark

Der blaue Hintergrund und die Sterne sind der Europaflagge entlehnt.

SERBIEN

Seitenverhältnis: 2:3
Einführungsjahr: 2004
Hauptstadt: Belgrad
Bevölkerung: 7.261.000
Währung: Dinar

Die Farben sind der panslawischen Flagge entlehnt, das Wappen zeigt einen Doppeladler.

BULGARIEN

Seitenverhältnis: 3:5
Einführungsjahr: 1990
Hauptstadt: Sofia
Bevölkerung: 8.020.000
Währung: Lew

Die Flagge trägt die slawischen Farben Weiß und Rot, das Blau wurde durch Grün ersetzt.

KOSOVO

Seitenverhältnis: 2:3
Einführungsjahr: 2008
Hauptstadt: Priština
Bevölkerung: 1.794.000
Währung: Euro

Die Flagge zeigt die Umrisse des Landes. Die Sterne stehen für die ethnischen Gruppen.

MAZEDONIEN

Seitenverhältnis: 1:2
Einführungsjahr: 1995
Hauptstadt: Skopje
Bevölkerung: 2.044.000
Währung: Denar

1995 ersetzte man den Stern von Vergina, ein antikes griechisches Emblem, durch die Sonne.

GRIECHENLAND

Seitenverhältnis: 2:3
Einführungsjahr: 1822
Hauptstadt: Athen
Bevölkerung: 10.591.000
Währung: Euro

Das weiße Kreuz symbolisiert die im Land dominierende griechisch-orthodoxe Kirche.

ZYPERN

Seitenverhältnis: 3:5
Einführungsjahr: 1960
Hauptstadt: Nikosia
Bevölkerung: 761.000
Währung: Euro

Die Silhouette der Insel und Olivenzweige schmücken diese Flagge.

VORDERASIEN

Große Teile der Region bestehen aus Gebirgen oder heißen, sandigen Wüsten. Die Arabische Wüste erstreckt sich über 1,6 Millionen Quadratkilometer zwischen dem Roten Meer und dem Persischen Golf. Sie ist damit die zweitgrößte Wüste der Erde.

Viele Länder in dieser Region verwenden für ihre Flaggen die panarabischen Farben Schwarz, Weiß, Rot und Grün.

TÜRKEI

Seitenverhältnis: 2:3
Einführungsjahr: 1936
Hauptstadt: Ankara
Bevölkerung: 73.640.000
Währung: Türkische Lira

Stern und Halbmond sind traditionelle Symbole der islamischen Religion und des osmanischen Reiches.

IRAN

Seitenverhältnis: 4:7
Einführungsjahr: 1980
Hauptstadt: Teheran
Bevölkerung: 64.530.000
Währung: Rial

Die Farben repräsentieren den Islam, die Inschrift wiederholt 22-mal „Allah ist groß".

SYRIEN

Seitenverhältnis: 2:3
Einführungsjahr: 1980
Hauptstadt: Damaskus
Bevölkerung: 16.593.000
Währung: Syrisches Pfund

Die beiden Sterne standen ursprünglich für die Union von Syrien und Ägypten.

IRAK

Seitenverhältnis: 2:3
Einführungsjahr: 2008
Hauptstadt: Bagdad
Bevölkerung: 23.750.000
Währung: Irak-Dinar

Die in den panarabischen Farben gehaltene Flagge zeigt in der Mitte eine Inschrift: „Allah ist groß".

LIBANON

Seitenverhältnis: 2:3
Einführungsjahr: 1943
Hauptstadt: Beirut
Bevölkerung: 4.385.000
Währung: Libanesisches Pfund

Die Zeder ist seit der Antike Symbol des Landes. Rot steht für die Opfer im Ersten Weltkrieg, Weiß für Frieden.

ISRAEL

Seitenverhältnis: 8:11
Einführungsjahr: 1948
Hauptstadt: Jerusalem
Bevölkerung: 6.363.000
Währung: Neuer Schekel

Der Davidstern und die Farben Blau und Weiß sind traditionelle Symbole des jüdischen Volks.

PALÄSTINENSISCHE AUTONOMIEGEBIETE

Seitenverhältnis: 1:2
Einführungsjahr: 1964
Hauptstadt: Gaza und Ramallah
Bevölkerung: 3.125.000
Währung: Jordan-Dinar/Schekel

Die Flagge verweist auf die engen Verbindungen zu Jordanien und der Arabischen Liga.

JORDANIEN

Seitenverhältnis: 1:2
Einführungsjahr: 1928
Hauptstadt: Amman
Bevölkerung: 5.031.000
Währung: Jordan-Dinar

Schwarz, Rot, Weiß und Grün sind die panarabischen Farben, der Stern steht für die erste Sure des Korans.

SAUDI-ARABIEN

Seitenverhältnis: 2:3
Einführungsjahr: 1973
Hauptstadt: Riad
Bevölkerung: 21.408.000
Währung: Saudi Riyal

Die Schrift lautet „Es gibt keinen Gott außer Allah, und Mohammed ist sein Gesandter."

KUWAIT

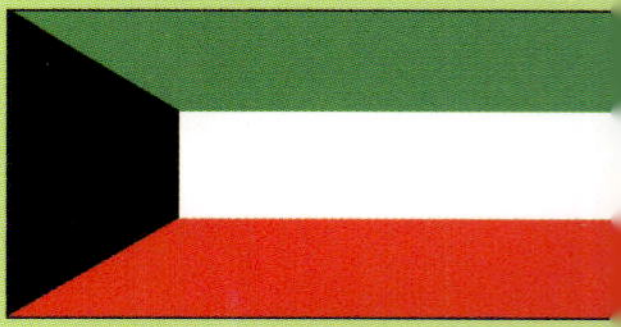

Seitenverhältnis: 1:2
Einführungsjahr: 1961
Hauptstadt: Kuwait-Stadt
Bevölkerung: 2.044.000
Währung: Kuwait-Dinar

Die Flagge verwendet die traditionellen Farben der panarabischen Bewegung.

BAHRAIN

Seitenverhältnis: 3:5
Einführungsjahr: 1972
Hauptstadt: Manama
Bevölkerung: 651.000
Währung: Bahrain-Dinar

Rot und Weiß sind traditionelle Farben in den Ländern rund um den Persischen Golf.

KATAR

Seitenverhältnis: 11:28
Einführungsjahr: 1971
Hauptstadt: Doha
Bevölkerung: 598.000
Währung: Katar-Riyal

Katar gehörte früher zu Bahrain. Daher gestaltete das Land die Flagge ähnlich der von Bahrain.

VEREINIGTE ARABISCHE EMIRATE

Seitenverhältnis: 1:2
Einführungsjahr: 1971
Hauptstadt: Abu Dhabi
Bevölkerung: 2.976.000
Währung: Dirham

Diese Farben stehen für arabische Einheit und Nationalismus.

OMAN

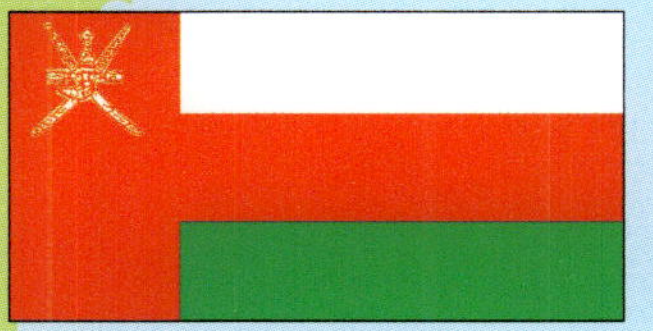

Seitenverhältnis: 1:2
Einführungsjahr: 1995
Hauptstadt: Maskat
Bevölkerung: 2.478.000
Währung: Rial Omani

Weiß und Rot sind die Farben der Golfstaaten. Das Emblem ist das der herrschenden Dynastie.

JEMEN

Seitenverhältnis: 2:3
Einführungsjahr: 1990
Hauptstadt: Sana
Bevölkerung: 18.046.000
Währung: Jemen-Rial

Die Flagge gibt die panarabischen Farben, allerdings ohne Grün, wieder.

WEST- UND SÜDASIEN

Asien ist der größte Kontinent. Er reicht vom Uralgebirge, das Europa von Asien trennt, bis zum Pazifischen Ozean im Osten. An der Grenze zwischen Nepal und China erhebt sich der Mount Everest, mit 8848 Metern der höchste Berg der Erde. Indien ist das größte, die Malediven im Indischen Ozean sind das kleinste Land in Südasien.

GEORGIEN

Seitenverhältnis: 3:5
Einführungsjahr: 2004
Hauptstadt: Tiflis
Bevölkerung: 5.279.000
Währung: Lari

Die neue, erst 2004 eingeführte Flagge verweist auf die christlichen Traditionen des Landes.

ARMENIEN

Seitenverhältnis: 1:2
Einführungsjahr: 1991
Hauptstadt: Jerewan
Bevölkerung: 3.809.000
Währung: Dram

Rot symbolisiert vergossenes Blut, Blau den Himmel und Orange das fruchtbare Land.

ASERBAIDSCHAN

Seitenverhältnis: 1:2
Einführungsjahr: 1991
Hauptstadt: Baku
Bevölkerung: 8.116.000
Währung: Aserbaidschan-Manat

Blau steht für die Turk-Völker, Rot für das Leben, Grün für Islam. Weißer Halbmond und Stern sind der türkischen Flagge entlehnt.

KASACHSTAN

Seitenverhältnis: 1:2
Einführungsjahr: 1992
Hauptstadt: Astana
Bevölkerung: 14.895.000
Währung: Tenge

Ein goldener Steppenadler schwebt unter der Sonne im Blau des kasachischen Himmels.

USBEKISTAN

Seitenverhältnis: 1:2
Einführungsjahr: 1991
Hauptstadt: Taschkent
Bevölkerung: 25.068.000
Währung: Usbekistan-Sum

Die 12 Sterne neben dem islamischen Halbmond repräsentieren die 12 Monate des Jahres.

TURKMENISTAN

Seitenverhältnis: 1:2
Einführungsjahr: 1992
Hauptstadt: Aschgabat
Bevölkerung: 5.435.000
Währung: Turkmenistan-Manat

Die fünf Sterne und fünf traditionellen Teppichmuster repräsentieren die fünf turkmenischen Regionen.

KIRGISISTAN

Seitenverhältnis: 3:5
Einführungsjahr: 1992
Hauptstadt: Bischkek
Bevölkerung: 4.955.000
Währung: Kirgisistan-Som

Im Zentrum der Sonne ist eine Jurte, das traditionelle Zelt der Nomaden in dieser Region, abgebildet.

TADSCHIKISTAN

Seitenverhältnis: 1:2
Einführungsjahr: 1992
Hauptstadt: Duschanbe
Bevölkerung: 6.245.000
Währung: Somoni

Weiß steht für die Baumwolle des Landes, Grün für die Landwirtschaft, Sterne und Krone für die Unabhängigkeit.

AFGHANISTAN

Seitenverhältnis: 1:2
Einführungsjahr: 2002
Hauptstadt: Kabul
Bevölkerung: 27.248.000
Währung: Afghani

Die Flagge geht auf eine Fassung von 1928 zurück. Schwarz steht für die Vergangenheit, Rot für vergossenes Blut und Grün für Hoffnung.

PAKISTAN

Seitenverhältnis: 2:3
Einführungsjahr: 1947
Hauptstadt: Islamabad
Bevölkerung: 141.450.000
Währung: Pakistanische Rupie

Halbmond und Stern stehen für den Islam, der weiße Streifen symbolisiert die religiösen Minderheiten in Pakistan.

INDIEN

Seitenverhältnis: 2:3
Einführungsjahr: 1947
Hauptstadt: Neu-Delhi
Bevölkerung: 1.032.355.000
Währung: Indische Rupie

Das blaue Rad auf dem weißen Band symbolisiert das Rad des Gesetzes (Dharma Chakra).

NEPAL

Seitenverhältnis: 4:3
Einführungsjahr: 1962
Hauptstadt: Kathmandu
Bevölkerung: 23.585.000
Währung: Nepalesische Rupie

Die nepalesische Flagge hat als einzige Nationalflagge keine viereckige Form.

BHUTAN

Seitenverhältnis: 2:3
Einführungsjahr: 1969
Hauptstadt: Thimphu
Bevölkerung: 828.000
Währung: Ngultrum

In der Landessprache Dzongkha bedeutet der Landesname Drachenreich.

BANGLADESCH

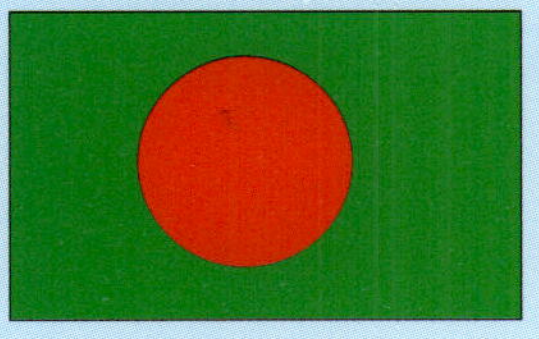

Seitenverhältnis: 3:5
Einführungsjahr: 1972
Hauptstadt: Dhaka
Bevölkerung: 133.345.000
Währung: Taka

Die rote Scheibe steht für den Kampf um Unabhängigkeit, das Grün symbolisiert das Land.

SRI LANKA

Seitenverhältnis: 1:2
Einführungsjahr: 1951
Hauptstadt: Colombo
Bevölkerung: 18.732.000
Währung: Sri-Lanka-Rupie

Löwe und Schwert stehen für Gerechtigkeit, die vier Blätter für Buddhismus, Grün für die Muslime und Orange für die Hindus im Land.

MALEDIVEN

Seitenverhältnis: 2:3
Einführungsjahr: 1965
Hauptstadt: Male
Bevölkerung: 280.000
Währung: Rufiyaa

Der weiße Halbmond und das grüne Rechteck verweisen auf den vorherrschenden islamischen Glauben im Land.

OST- UND SÜDOSTASIEN

Der Großraum Ost- und Südostasien liegt zwischen dem Indischen und dem Pazifischen Ozean.

China ist mit 9.572.419 Quadratkilometern das größte Land der Region und liegt flächenmäßig weltweit an dritter Stelle. Durch Nordchina windet sich auf über 4100 Kilometern Länge die 2000 Jahre alte Chinesische Mauer, eine gewaltige Grenzbefestigung.

Das kleinste Land der Region ist Singapur. Es misst nur 683 Quadratkilometer und besteht aus mehreren, zwischen Malaysia und Indonesien gelegenen Inseln.

MONGOLEI

Seitenverhältnis: 1:2
Einführungsjahr: 1992
Hauptstadt: Ulan-Bator
Bevölkerung: 2.421.000
Währung: Tugrik

Das Emblem geht auf alte mongolische Symbole zurück.

CHINA

Seitenverhältnis: 2:3
Einführungsjahr: 1949
Hauptstadt: Beijing
Bevölkerung: 1.271.850.000
Währung: Renminbi Yuan

Die rote Farbe und der große Stern symbolisieren den Kommunismus.

NORDKOREA

Seitenverhältnis: 1:2
Einführungsjahr: 1948
Hauptstadt: Pjöngjang
Bevölkerung: 22.384.000
Währung: Nordkoreanischer Won

Rot, Weiß und Blau sind die traditionellen Farben von Korea.

SÜDKOREA

Seitenverhältnis: 2:3
Einführungsjahr: 1950
Hauptstadt: Seoul
Bevölkerung: 47.343.000
Währung: Südkoreanischer Won

Yin-Yang steht für Harmonie, die Zeichen für Himme Wasser, Feuer und Erde.

JAPAN

Seitenverhältnis: 7:10
Einführungsjahr: 1870
Hauptstadt: Tokyo
Bevölkerung: 127.035.000
Währung: Yen

Die rote Sonne verweist auf Japan als das „Land der aufgehenden Sonne".

TAIWAN

Seitenverhältnis: 1:2
Einführungsjahr: 1928
Hauptstadt: Taipeh
Bevölkerung: 22.410.000
Währung: Neuer Taiwan-Dollar

Taiwan behielt 1949 nach der Abspaltung von China die alte Flagge.

MYANMAR

Seitenverhältnis: 4:7
Einführungsjahr: 2010
Hauptstadt: Nay Pyi Taw
Bevölkerung: 48.320.000
Währung: Kyat

Gelb steht für Solidarität, Grün für Frieden, Ruhe und Umwelt, Rot für Mut.

THAILAND

Seitenverhältnis: 2:3
Einführungsjahr: 1917
Hauptstadt: Bangkok
Bevölkerung: 61.184.000
Währung: Baht

Rot steht für vergossenes Blut, Weiß für die Reinheit, Blau für die Monarchie.

LAOS

Seitenverhältnis: 2:3
Einführungsjahr: 1975
Hauptstadt: Vientiane
Bevölkerung: 5.403.000
Währung: Kip

Blau symbolisiert den Fluss Mekong, der durch das Land fließt.

KAMBODSCHA

Seitenverhältnis: 2:3
Einführungsjahr: 1993
Hauptstadt: Phnom Penh
Bevölkerung: 12.265.000
Währung: Riel

Auf der Flagge ist der Tempel von Angkor Wat abgebildet.

VIETNAM

Seitenverhältnis: 2:3
Einführungsjahr: 1955
Hauptstadt: Hanoi
Bevölkerung: 79.526.000
Währung: Dong

Roter Hintergrund und Stern sind Symbole des Kommunismus.

PHILIPPINEN

Seitenverhältnis: 1:2
Einführungsjahr: 1898
Hauptstadt: Manila
Bevölkerung: 78.317.000
Währung: Philippinischer Peso

Die Sonne und die drei Sterne stehen für das Land und seine Hauptregionen.

MALAYSIA

Seitenverhältnis: 1:2
Einführungsjahr: 1963
Hauptstadt: Kuala Lumpur
Bevölkerung: 23.802.000
Währung: Malaysischer Ringgit

Die 14 Streifen repräsentieren die Staaten der Föderation. Halbmond und Stern symbolisieren den Islam.

BRUNEI

Seitenverhältnis: 1:2
Einführungsjahr: 1959
Hauptstadt: Bandar Seri Begawan
Bevölkerung: 344.000
Währung: Brunei-Dollar

Die Farben der Flaggen repräsentieren den Sultan und die Staatsminister.

SINGAPUR

Seitenverhältnis: 2:3
Einführungsjahr: 1959
Hauptstadt: Singapur
Bevölkerung: 4.131.000
Währung: Singapur-Dollar

Die Sterne symbolisieren Demokratie, Frieden, Gleichheit, Gerechtigkeit und Fortschritt.

INDONESIEN

Seitenverhältnis: 2:3
Einführungsjahr: 1945
Hauptstadt: Jakarta
Bevölkerung: 208.981.000
Währung: Rupiah

Rot steht für den menschlichen Körper, Weiß für die Seele.

TIMOR-LESTE

Seitenverhältnis: 1:2
Einführungsjahr: 2002
Hauptstadt: Dili
Bevölkerung: 753.000
Währung: US-Dollar

Mit Erlangung der Unabhängigkeit 2002 wurde diese Flagge ausgewählt.

NORDAFRIKA

Dieser Teil Afrikas erstreckt sich oberhalb des Äquators. Die nordafrikanische Sahara ist mit mehr als 8 Millionen Quadratkilometern die größte Wüste der Erde.

Einige Flaggen sind Symbole des Kampfes um nationale Unabhängigkeit. Viele verwenden als Ausdruck der Einheit des Kontinents die panafrikanischen Farben (Grün, Gelb und Rot) der Flagge Äthiopiens, des ersten unabhängigen afrikanischen Landes.

Das größte Land der Region ist Algerien mit 2.381.741 Quadratkilometern. Dschibuti als kleinstes Land der Region nimmt nur 23.200 Quadratkilometer ein. Der längste Fluss der Welt, der Nil, fließt über 6693 Kilometer durch den Sudan und Ägypten.

MAROKKO

Seitenverhältnis: 2:3
Einführungsjahr: 1915
Hauptstadt: Rabat
Bevölkerung: 29.170.000
Währung: Marokkanischer Dirham

Das Pentagramm, das Siegel des Salomon, ist ein Symbol für Leben und Gesundheit. Es wurde 1915 in die Flagge aufgenommen.

ALGERIEN

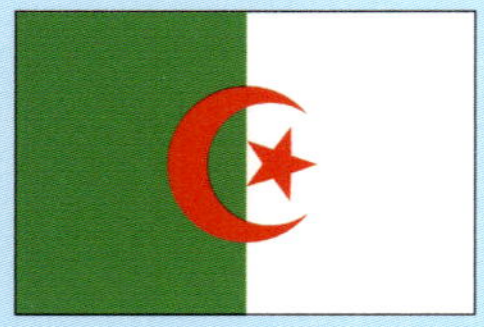

Seitenverhältnis: 2:3
Einführungsjahr: 1962
Hauptstadt: Algier
Bevölkerung: 30.835.000
Währung: Algerischer Dinar

Halbmond und Stern sind islamische Symbole des osmanischen Reiches. Grün ist die Farbe des Islam.

TUNESIEN

Seitenverhältnis: 2:3
Einführungsjahr: 1835
Hauptstadt: Tunis
Bevölkerung: 9.674.000
Währung: Tunesischer Dinar

Die Flagge gleicht der türkischen, denn das Land gehörte einst zum Osmanischen Reich.

LIBYEN

Seitenverhältnis: 1:2
Einführungsjahr: 2011
Hauptstadt: Tripolis
Bevölkerung: 5.411.000
Währung: Libyscher Dinar

Die drei Farbstreifen stehen für die historischen Provinzen des Landes, Rot für Fessan, Schwarz für die Kyrenaika und Grün für Tripolitanien.

ÄGYPTEN

Seitenverhältnis: 2:3
Einführungsjahr: 1984
Hauptstadt: Kairo
Bevölkerung: 65.177.000
Währung: Ägyptisches Pfund

Die Farben entsprechen den panarabischen Farben. Der Adler ist ein Symbol des Sultans Saladin, der im 12. Jahrhundert regierte.

SAHARA

Seitenverhältnis: 1:2
Einführungsjahr: 1976
Hauptstadt: El-Aaiún
Bevölkerung: 252.000
Währung: Marokkanischer Dirham

Die Flagge zeigt die panarabischen Farben und die islamischen Symbole Halbmond und Stern. Das Land ist von Marokko annektiert.

MAURETANIEN

Seitenverhältnis: 2:3
Einführungsjahr: 1959
Hauptstadt: Nouakchott
Bevölkerung: 2.749.000
Währung: Ouguiya

Die Farbe Grün und das Emblem sind Ausdruck der islamischen Glaubensausrichtung des Landes.

MALI

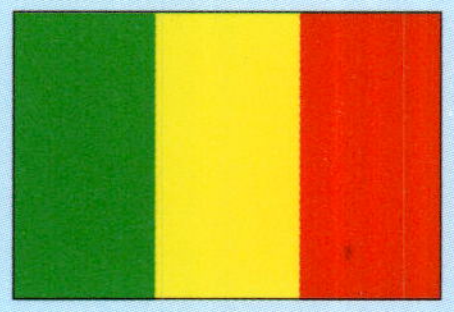

Seitenverhältnis: 2:3
Einführungsjahr: 1961
Hauptstadt: Bamako
Bevölkerung: 11.094.000
Währung: CFA-Franc

Die Flagge zeigt die panafrikanischen Farben in Anordnung der französischen Trikolore.

NIGER

Seitenverhältnis: 2:3
Einführungsjahr: 1959
Hauptstadt: Niamey
Bevölkerung: 11.184.000
Währung: CFA-Franc

Die orangefarbene Scheibe stellt die heiße Sonne im Niger dar. Die Streifen symbolisieren die Natur des Landes.

TSCHAD

Seitenverhältnis: 2:3
Einführungsjahr: 1959
Hauptstadt: N'Djamena
Bevölkerung: 7.916.000
Währung: CFA-Franc

Blau steht für Himmel und Wasser, Gelb für Sonne und Wüste, Rot für Tapferkeit und Freiheit.

ERITREA

Seitenverhältnis: 1:2
Einführungsjahr: 1993
Hauptstadt: Asmara
Bevölkerung: 4.203.000
Währung: Nakfa

Die Flagge stammt aus dem Unabhängigkeitskampf in Eritrea, Rot symbolisiert das vergossene Blut.

SUDAN

Seitenverhältnis: 1:2
Einführungsjahr: 1970
Hauptstadt: Khartum
Bevölkerung: 31.615.000
Währung: Sudanesisches Pfund

Neben den panarabischen Farben steht das grüne Dreieck für Islam und Wohlstand.

SÜDSUDAN

Seitenverhältnis: 1:2
Einführungsjahr: 2011
Hauptstadt: Juba
Bevölkerung: 10.314.000
Währung: Südsudanesisches Pfund

Schwarz steht für Afrika, Weiß für Frieden, Rot für den Freiheitskampf, Blau für den Nil, Grün für fruchtbaren Boden.

ÄTHIOPIEN

Seitenverhältnis: 1:2
Einführungsjahr: 1996
Hauptstadt: Addis Abeba
Bevölkerung: 65.816.000
Währung: Birr

Diese panafrikanischen Farben drücken den Wunsch nach der Einheit Afrikas aus.

DSCHIBUTI

Seitenverhältnis: 4:7
Einführungsjahr: 1977
Hauptstadt: Dschibuti
Bevölkerung: 644.000
Währung: Dschibuti-Franc

Die Flagge orientiert sich an einer Fahne aus dem Befreiungskampf gegen die Franzosen.

WESTAFRIKA

Westafrika wird im Norden von der Sahara und im Süden vom Atlantischen Ozean begrenzt. Die Fläche umfasst ein Fünftel des Kontinents. Hier leben 30 Prozent der Bevölkerung Afrikas.

Die höchste Erhebung Westafrikas ist der Kamerunberg mit 4070 Metern, ein Vulkanmassiv in Kamerun in der Nähe der Küste. Das kleinste Land ist Gambia mit 11.295 Quadratkilometern.

KAP VERDE

Seitenverhältnis: 3:5
Einführungsjahr: 1992
Hauptstadt: Praia
Bevölkerung: 446.000
Währung: Kap-Verde-Escudo

Blau symbolisiert das Meer, Rot den Fortschritt, Weiß den Frieden und die Sterne die zehn wichtigsten Inseln des Landes.

SENEGAL

Seitenverhältnis: 2:3
Einführungsjahr: 1960
Hauptstadt: Dakar
Bevölkerung: 9.768.000
Währung: CFA-Franc

Nach der Trennung von Mali behielt Senegal eine ähnliche Flagge und fügte einen Stern der Einheit und Hoffnung hinzu.

GAMBIA

Seitenverhältnis: 2:3
Einführungsjahr: 1965
Hauptstadt: Banjul
Bevölkerung: 1.341.000
Währung: Dalasi

Grün steht für das fruchtbare Land und die Landwirtschaft, Blau für den Fluss Gambia, Rot für die heiße Sonne und Weiß für Einheit und Frieden.

GUINEA-BISSAU

Seitenverhältnis: 1:2
Einführungsjahr: 1973
Hauptstadt: Bissau
Bevölkerung: 1.226.000
Währung: CFA-Franc

Der Stern steht für Afrika, Rot für das im Unabhängigkeitskampf vergossene Blut. Die Farben entsprechen den panafrikanischen Farben.

GUINEA

Seitenverhältnis: 2:3
Einführungsjahr: 1958
Hauptstadt: Conakry
Bevölkerung: 7.580.000
Währung: Guinea-Franc

Als ehemalige Kolonie Frankreichs wählte das Land die Form der französischen Trikolore, die Farben entsprechen den panafrikanischen Farben.

SIERRA LEONE

Seitenverhältnis: 2:3
Einführungsjahr: 1961
Hauptstadt: Freetown
Bevölkerung: 5.133.000
Währung: Leone

Grün steht für die Landwirtschaft, die Rohstoffe des Landes und die Berge, Blau für das Meer und Weiß für den Wunsch nach Frieden.

LIBERIA

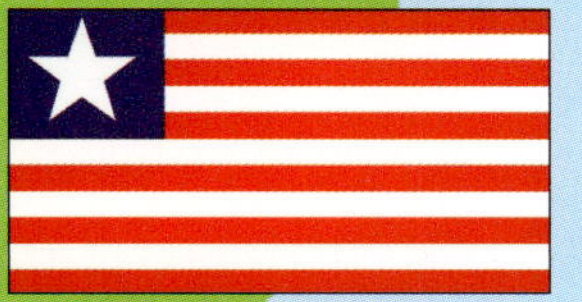

Seitenverhältnis: 10:19
Einführungsjahr: 1847
Hauptstadt: Monrovia
Bevölkerung: 3.214.000
Währung: Liberianischer Dollar

Liberia wurde von freigelassenen Sklaven aus den USA gegründet. Daher ähnelt die Flagge des Landes der US-amerikanischen Flagge.

ELFENBEINKÜSTE

Seitenverhältnis: 2:3
Einführungsjahr: 1959
Hauptstadt: Yamoussoukro
Bevölkerung: 16.410.000
Währung: CFA-Franc

Die Gestaltung der Flagge lehnt sich an die französische Trikolore an. Orange steht für Fortschritt, Weiß für Einheit und Grün für Hoffnung.

BURKINA FASO

Seitenverhältnis: 2:3
Einführungsjahr: 1984
Hauptstadt: Ouagadougou
Bevölkerung: 11.553.000
Währung: CFA-Franc

Der gelbe Stern und das Rot erinnern an die Revolution von 1984, Grün repräsentiert den Reichtum an Bodenschätzen.

GHANA

Seitenverhältnis: 2:3
Einführungsjahr: 1957
Hauptstadt: Accra
Bevölkerung: 19.708.000
Währung: Cedi

Ghana verwendete als erstes Land die aus Äthiopien stammenden panafrikanischen Farben. Der Stern soll Afrika in seinem Kampf um Freiheit zum Erfolg führen.

TOGO

Seitenverhältnis: 2:3
Einführungsjahr: 1960
Hauptstadt: Lomé
Bevölkerung: 4.653.000
Währung: CFA-Franc

Die Streifen symbolisieren die fünf Regionen des Landes, der Stern die Hoffnung.

BENIN

Seitenverhältnis: 2:3
Einführungsjahr: 1959
Hauptstadt: Porto Novo
Bevölkerung: 6.437.000
Währung: CFA-Franc

Rot, Gelb und Grün stellen die panafrikanischen Farben dar und symboliseren die afrikanische Einheit.

NIGERIA

Seitenverhältnis: 1:2
Einführungsjahr: 1960
Hauptstadt: Abuja
Bevölkerung: 129.875.000
Währung: Naira

Der Entwurf der Flagge geht auf einen Wettbewerb zurück. Grün steht hier für das Land, Weiß für Frieden und Einheit.

KAMERUN

Seitenverhältnis: 2:3
Einführungsjahr: 1975
Hauptstadt: Yaoundé
Bevölkerung: 15.197.000
Währung: CFA-Franc

Der 1961 in den roten Streifen eingefügte gelbe Stern symbolisiert die nationale Einheit.

ÄQUATORIAL-GUINEA

Seitenverhältnis: 2:3
Einführungsjahr: 1968
Hauptstadt: Malabo
Bevölkerung: 469.000
Währung: CFA-Franc

Das Emblem zeigt den Baum, unter dem die Unabhängigkeit des Landes 1843 unterschrieben wurde.

ZENTRAL- UND OSTAFRIKA

Zu Zentralafrika zählt man die Staaten in Äquatornähe und zu Ostafrika die Länder, die an den Indischen Ozean grenzen. Große Teile der Region wurden früher von europäischen Kolonialmächten beherrscht.

In diesem Teil Afrikas befinden sich der größte See des Kontinents, der Victoriasee, und der höchste Berg Afrikas, der in Tansania gelegene Kilimandscharo, der 5892 Meter hoch ist.

SÃO TOMÉ UND PRÍNCIPE

Seitenverhältnis: 1:2
Einführungsjahr: 1975
Hauptstadt: São Tomé
Bevölkerung: 151.000
Währung: Dobra

Die beiden schwarzen Sterne repräsentieren die Inseln São Tomé und Príncipe.

GABUN

Seitenverhältnis: 3:4
Einführungsjahr: 1960
Hauptstadt: Libreville
Bevölkerung: 1.261.000
Währung: CFA-Franc

Grün symbolisiert Gabuns Regenwälder, Blau das Meer und Gelb die Sonne.

KONGO

Seitenverhältnis: 2:3
Einführungsjahr: 1958
Hauptstadt: Brazzaville
Bevölkerung: 3.103.000
Währung: CFA-Franc

Die panafrikanischen Farben sind bei dieser Flagge in diagonalen Streifen angeordnet.

ZENTRALAFRIKANISCHE REPUBLIK

Seitenverhältnis: 3:5
Einführungsjahr: 1958
Hauptstadt: Bangui
Bevölkerung: 3.771.000
Währung: CFA-Franc

Blau, Weiß und Rot sind der französischen Flagge entlehnt, Grün, Gelb und Rot entsprechen den panafrikanischen Farben.

DEMOKRATISCHE REPUBLIK KONGO

Seitenverhältnis: 3:4
Einführungsjahr: 2006
Hauptstadt: Kinshasa
Bevölkerung: 65.700.000
Währung: Kongo-Franc

Blau steht für Frieden, Rot für das Blut der Märtyrer und Gold für den Wohlstand des Landes.

UGANDA

Seitenverhältnis: 2:3
Einführungsjahr: 1962
Hauptstadt: Kampala
Bevölkerung: 22.788.000
Währung: Uganda-Schilling

Der stolze Kronenkranich im Zentrum der Flagge ist Ugandas Wappenvogel.

RUANDA

Seitenverhältnis: 6:13
Einführungsjahr: 2001
Hauptstadt: Kigali
Bevölkerung: 8.691.000
Währung: Ruanda-Franc

Mit einer neuen Flagge wollte man 2001 auch symbolisch den Bürgerkrieg beenden.

BURUNDI

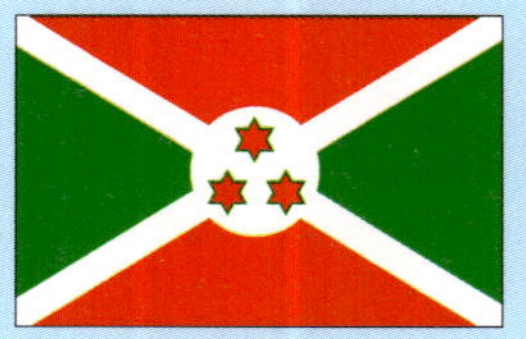

Seitenverhältnis: 2:3
Einführungsjahr: 1967
Hauptstadt: Bujumbura
Bevölkerung: 6.938.000
Währung: Burundi-Franc

Die Sterne repräsentieren die drei wichtigsten Volksstämme Tutsi, Hutu und Twa.

KENIA

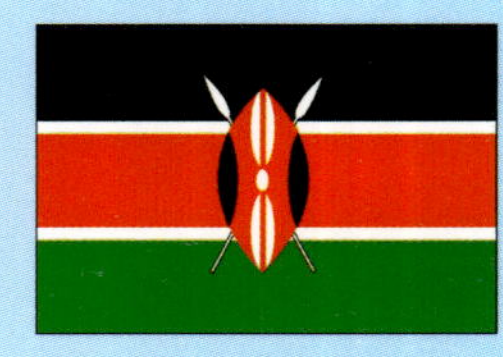

Seitenverhältnis: 2:3
Einführungsjahr: 1963
Hauptstadt: Nairobi
Bevölkerung: 30.736.000
Währung: Kenia-Schilling

Der traditionelle Schild und die gekreuzten Speere der Massai sind Symbole der Freiheit.

SOMALIA

Seitenverhältnis: 2:3
Einführungsjahr: 1954
Hauptstadt: Mogadischu
Bevölkerung: 9.085.000
Währung: Somalia-Schilling

Der fünfzackige Stern symbolisiert die fünf Regionen, in denen die Somalis leben.

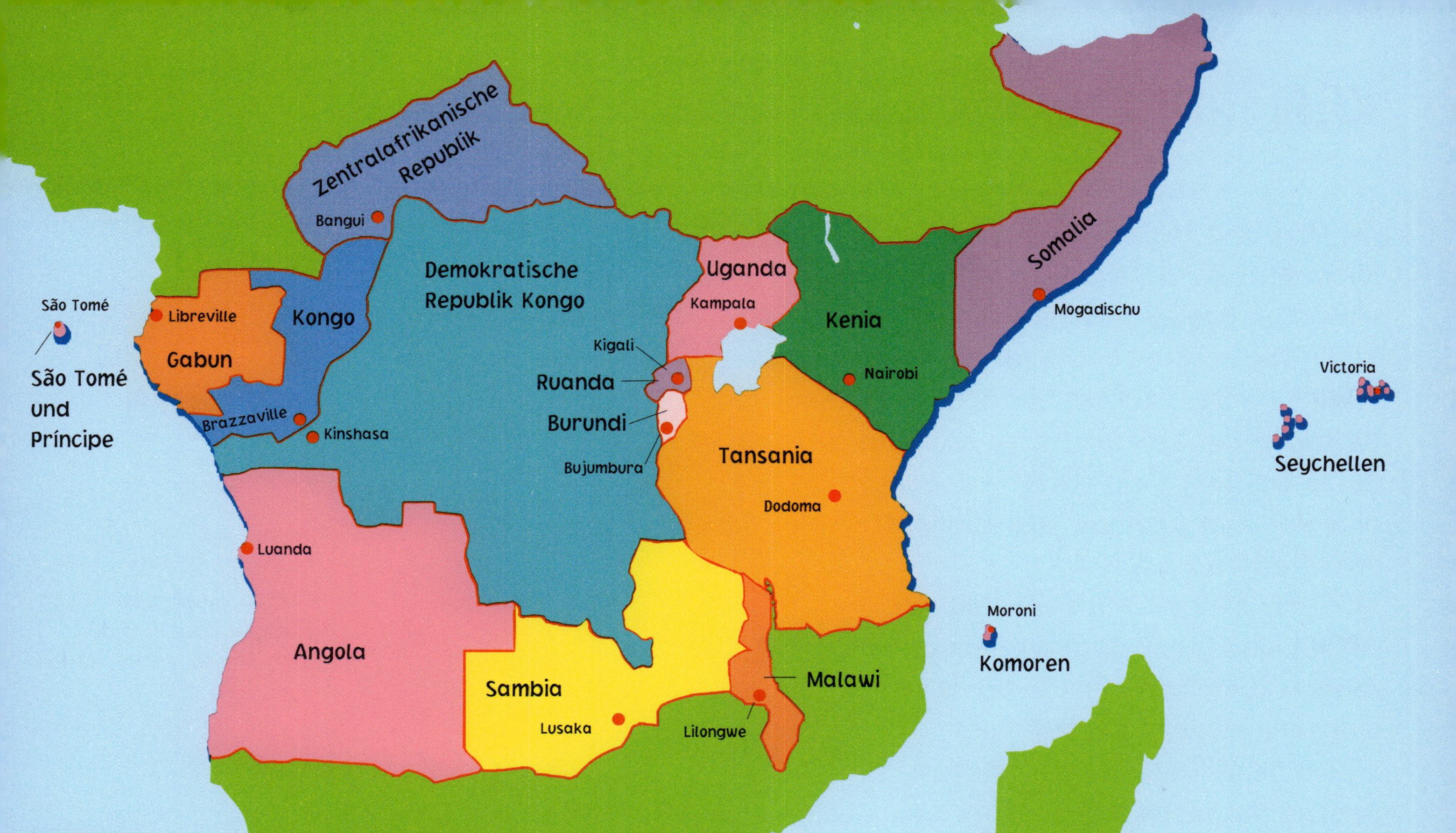

ANGOLA

Seitenverhältnis: 2:3
Einführungsjahr: 1975
Hauptstadt: Luanda
Bevölkerung: 13.512.000
Währung: Kwanza

Zahnrad, Messer und Stern symbolisieren Industrie, Landwirtschaft und Fortschritt.

SAMBIA

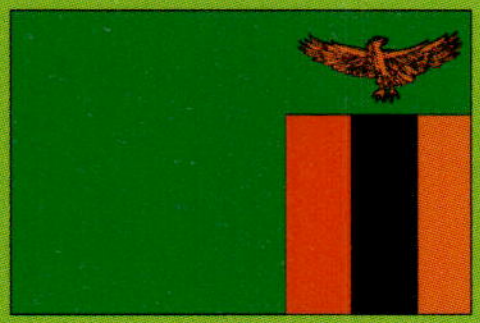

Seitenverhältnis: 2:3
Einführungsjahr: 1964
Hauptstadt: Lusaka
Bevölkerung: 10.283.000
Währung: Sambia-Kwacha

Der Adler als Freiheitssymbol ist dem Nationalwappen Sambias entlehnt.

MALAWI

Seitenverhältnis: 2:3
Einführungsjahr: 1964
Hauptstadt: Lilongwe
Bevölkerung: 10.526.000
Währung: Malawi-Kwacha

Der Sonnenaufgang soll ein neues Zeitalter in der Geschichte Afrikas verkörpern.

TANSANIA

Seitenverhältnis: 2:3
Einführungsjahr: 1964
Hauptstadt: Dodoma
Bevölkerung: 34.450.000
Währung: Tansania-Schilling

Die Flagge symbolisiert die Vereinigung von Tanganjika und Sansibar zu Tansania.

KOMOREN

Seitenverhältnis: 3:5
Einführungsjahr: 2002
Hauptstadt: Moroni
Bevölkerung: 572.000
Währung: Komoren-Franc

Der Halbmond verweist auf den Islam, die vier Sterne auf die vier Komoren-Inseln.

SEYCHELLEN

Seitenverhältnis: 1:2
Einführungsjahr: 1996
Hauptstadt: Victoria
Bevölkerung: 82.000
Währung: Seychellen-Rupie

Die Strahlen symbolisieren Himmel, Sonne, Einheit, Gerechtigkeit und Natur.

SÜDLICHES AFRIKA

Der südliche Teil des afrikanischen Kontinents wird vom Atlantischen und Indischen Ozean umschlossen.

Das größte Land in dieser Region ist Südafrika mit 1.219.580 Quadratkilometern. Im Süden des Landes liegen das Kap der Guten Hoffnung, ein steiler Felsvorsprung, und das Kap Agulhas, der südlichste Punkt Afrikas.

Die Länder in diesem Teil von Afrika sind stark geprägt von der langen Kolonialzeit. In Südafrika waren Schwarze bis 1990 von vielen Bereichen des öffentlichen Lebens ausgeschlossen.

NAMIBIA

Seitenverhältnis: 2:3
Einführungsjahr: 1990
Hauptstadt: Windhuk
Bevölkerung: 1.792.000
Währung: Namibia-Dollar

Die Sonne steht für Leben und Energie, das rote Band ehrt den heroischen Kampf des Volkes.

BOTSUANA

Seitenverhältnis: 2:3
Einführungsjahr: 1966
Hauptstadt: Gaborone
Bevölkerung: 1.695.000
Währung: Pula

Die weiß-schwarzen Streifen drücken das friedliche Miteinander der verschiedenen Bevölkerungsgruppen aus.

SIMBABWE

Seitenverhältnis: 1:2
Einführungsjahr: 1980
Hauptstadt: Harare
Bevölkerung: 12.821.000
Währung: Simbabwe-Dollar

Die Farben stammen von der seit 1980 herrschenden Afrikanischen Nationalunion von Simbabwe.

MOSAMBIK

Seitenverhältnis: 2:3
Einführungsjahr: 1983
Hauptstadt: Maputo
Bevölkerung: 18.071.000
Währung: Metical

Vor dem gelben Stern sind die Nationalsymbole Hacke, Buch und Gewehr abgebildet.

MADAGASKAR

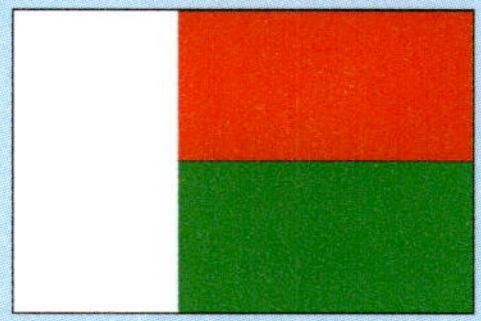

Seitenverhältnis: 2:3
Einführungsjahr: 1958
Hauptstadt: Antananarivo
Bevölkerung: 15.976.000
Währung: Ariary

Rot und Weiß sind traditionelle Farben des Landes, Grün soll die Hoffnung repräsentieren.

MAURITIUS

Seitenverhältnis: 2:3
Einführungsjahr: 1968
Hauptstadt: Port Louis
Bevölkerung: 1.200.000
Währung: Mauritius-Rupie

Blau steht für das Meer, Grün für das fruchtbare Land, Rot für die Unabhängigkeit und Gelb für eine leuchtende Zukunft.

SÜDAFRIKA

Seitenverhältnis: 2:3
Einführungsjahr: 1994
Hauptstadt: Pretoria
Bevölkerung: 43.240.000
Währung: Rand

Die Flagge kombiniert die Farben der alten Trikolore mit den Farben der regierenden Partei, dem Afrikanischen Nationalkongress (ANC).

LESOTHO

Seitenverhältnis: 2:3
Einführungsjahr: 2006
Hauptstadt: Maseru
Bevölkerung: 2.062.000
Währung: Loti

Die erst 2006 eingeführte neue Flagge zeigt einen stilisierten Hut. Die Farben symbolisieren Frieden, Regen und Wohlstand.

SWASILAND

Seitenverhältnis: 2:3
Einführungsjahr: 1968
Hauptstadt: Mbabane
Bevölkerung: 1.068.000
Währung: Lilangeni

Der Schild, die beiden Speere und der Stock sind Symbole der Wehrhaftigkeit von Swasiland. Gelb steht für die Bodenschätze, Blau für Frieden.

OZEANIEN UND AUSTRALIEN

Ozeanien umfasst eine Gruppe von Inseln im Pazifischen Ozean zwischen Amerika, Philippinen und Australien. Dazu zählen Neuseeland, Neu-Guinea, aber auch tausende kleiner Inseln.

Australien ist mit seinen 7.692.030 Quadratkilometern der kleinste Kontinent und zugleich die größte Insel der Welt. Die beiden Hauptinseln Neuseelands werden durch die Cookstraße voneinander getrennt. Neuguinea, die drittgrößte Insel der Welt, zerfällt in zwei Regionen: Papua-Neuguinea ist ein unabhängiger Staat, Irian Jaya gehört zu Indonesien. Viele der anderen Pazifikinseln sind sehr klein, die meisten haben sich zu unabhängigen Staatengruppen zusammengeschlossen und führen eigene Nationalflaggen.

PALAU

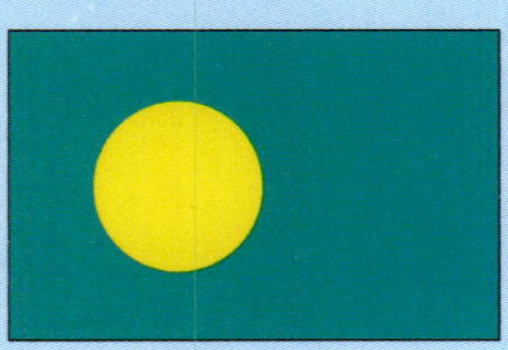

Seitenverhältnis: 5:8
Einführungsjahr: 1981
Hauptstadt: Melekeok
Bevölkerung: 20.000
Währung: US-Dollar

Die gelbe Scheibe zeigt den Vollmond, die beste Zeit zum Ernten und Fischen.

MIKRONESIEN

Seitenverhältnis: 10:19
Einführungsjahr: 1978
Hauptstadt: Palikir
Bevölkerung: 120.000
Währung: US-Dollar

Die Sterne stehen für die vier Staaten Mikronesiens, das Blau für den Pazifik.

MARSHALLINSELN

Seitenverhältnis: 10:19
Einführungsjahr: 1979
Hauptstadt: Majuro
Bevölkerung: 53.000
Währung: US-Dollar

Die Strahlen symbolisieren die beiden langen Atollreihen im Blau des Pazifik.

KIRIBATI

Seitenverhältnis: 1:2
Einführungsjahr: 1979
Hauptstadt: Bairiki
Bevölkerung: 93.000
Währung: Australischer Dollar

Ein Fregattvogel schwebt über der aus dem Pazifik aufsteigenden Sonne.

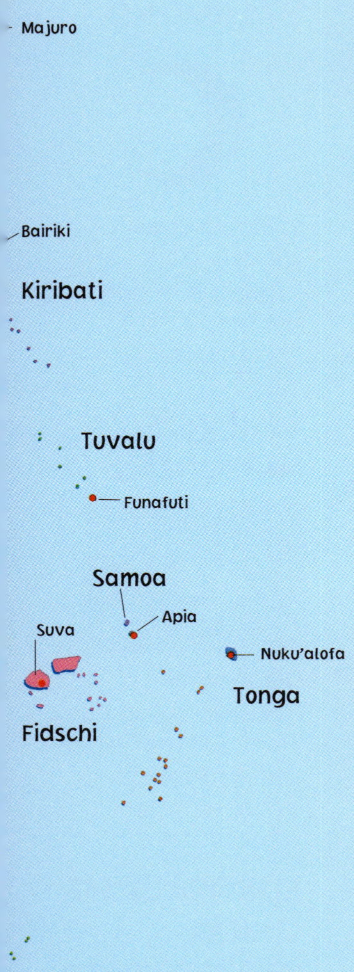

NAURU

Seitenverhältnis: 1:2
Einführungsjahr: 1968
Hauptstadt: Yaren
Bevölkerung: 12.000
Währung: Australischer Dollar

Der Stern zeigt Naurus Position dicht am Äquator, der gelben Linie.

PAPUA-NEUGUINEA

Seitenverhältnis: 3:4
Einführungsjahr: 1971
Hauptstadt: Port Moresby
Bevölkerung: 5.253.000
Währung: Kina

Der Paradiesvogel, ein lokaler Vogel, symbolisiert die Unabhängigkeit.

SALOMONEN

Seitenverhältnis: 1:2
Einführungsjahr: 1977
Hauptstadt: Honiara
Bevölkerung: 431.000
Währung: Salomonen-Dollar

Die fünf Sterne verweisen auf die fünf wichtigsten Inselgruppen.

TUVALU

Seitenverhältnis: 1:2
Einführungsjahr: 1978
Hauptstadt: Funafuti
Bevölkerung: 11.000
Währung: Australischer Dollar

Die neun Sterne repräsentieren die neun Inseln von Tuvalu.

AUSTRALIEN

Seitenverhältnis: 1:2
Einführungsjahr: 1909
Hauptstadt: Canberra
Bevölkerung: 19.387.000
Währung: Australischer Dollar

Der Union Jack verweist auf Australiens Geschichte als britische Kolonie.

VANUATU

Seitenverhältnis: 11:18
Einführungsjahr: 1980
Hauptstadt: Port Vila
Bevölkerung: 201.000
Währung: Vatu

Eberhauer und Farnblätter sind traditionelle Symbole in Vanuatu.

FIDSCHI

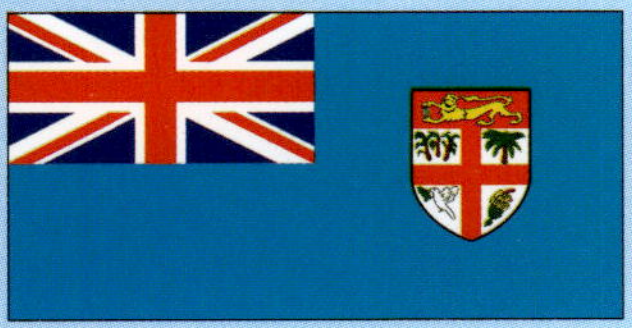

Seitenverhältnis: 1:2
Einführungsjahr: 1970
Hauptstadt: Suva
Bevölkerung: 817.000
Währung: Fidschi-Dollar

Das Wappen verweist auf die Traditionen und die Geschichte der Inseln.

SAMOA

Seitenverhältnis: 1:2
Einführungsjahr: 1949
Hauptstadt: Apia
Bevölkerung: 174.000
Währung: Tala

Rot, Weiß und Blau stehen für Tapferkeit, Reinheit und Freiheit.

TONGA

Seitenverhältnis: 1:2
Einführungsjahr: 1875
Hauptstadt: Nuku'alofa
Bevölkerung: 101.000
Währung: Pa'anga

Das Kreuz verweist auf den vorherrschenden christlichen Glauben im Land.

NEUSEELAND

Seitenverhältnis: 1:2
Einführungsjahr: 1902
Hauptstadt: Wellington
Bevölkerung: 3.849.000
Währung: Neuseeland-Dollar

Das Sternbild Kreuz findet man häufig in Flaggen der Südhalbkugel.

INTERNATIONALE FLAGGEN

Das Rote Kreuz hatte als erste internationale Organisation eine eigene Flagge. Sie wurde 1863 entworfen. Die Flagge des Roten Halbmonds folgte 1876.

Auf dieser Seite werden die Flaggen der bekanntesten internationalen Organisationen in der Reihenfolge ihrer Entstehung vorgestellt.

ROTES KREUZ

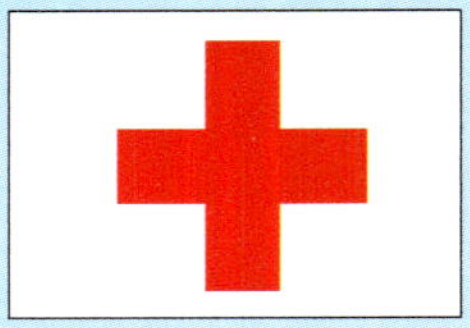

Das Rote Kreuz ist wie der Rote Halbmond ein international anerkanntes Schutzzeichen.

ROTER HALBMOND

In islamischen Ländern dient diese Flagge als Schutzzeichen für den Sanitätsdienst.

OLYMPISCHE FLAGGE

Seit 1913 symbolisieren die fünf verschiedenfarbigen Ringe die fünf Kontinente.

COMMONWEALTH

Mitgliedsstaaten des aus dem British Empire hervorgegangenen Commonwealth hissen diese Flagge.

ARABISCHE LIGA

Diese Flagge steht für die Vereinigung von 21 arabischen Staaten und der Palästinensischen Befreiungsorganisation PLO.

VEREINTE NATIONEN

Die Vereinten Nationen sollen den Weltfrieden erhalten und die Menschenrechte schützen.

PAZIFISCHE GEMEINSCHAFT

Die Pazifische Gemeinschaft ist eine Vereinigung von Ländern zur Förderung ihrer Wirtschaft.

OAS

Die Flagge der Organisation Amerikanischer Staaten zeigt die Flaggen aller Mitgliedsländer.

NATO

Der Nordatlantikpakt (North Atlantic Treaty Organization) ist ein internationales Militärbündnis.

EUROPÄISCHE UNION

Diese Flagge war zunächst die Flagge des Europarates, seit 1986 ist sie die Flagge der EU.

OPEC

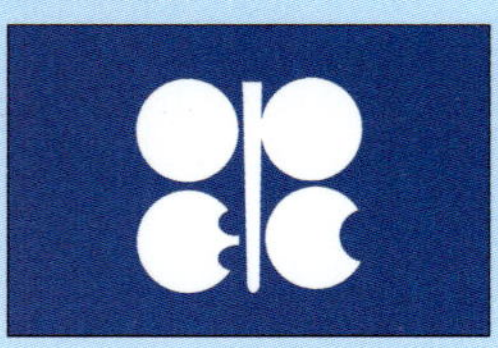

Die Organisation Erdöl exportierender Länder tritt unter dieser Flagge auf.

ASEAN

ASEAN (Association of South-East Asian Nations) bedeutet Vereinigung südostasiatischer Staaten.

CARICOM

Die karibische Gemeinschaft mit einem gemeinsamen Markt wurde 1973 gegründet.

GUS

Ehemalige Sowjetrepubliken haben sich in der Gemeinschaft Unabhängiger Staaten zusammengeschlossen.

SIGNALFLAGGEN

Mit dem internationalen Signalcode werden auf hoher See Nachrichten ausgetauscht. Die Flaggen werden dazu an einem Seil entsprechend angeordnet. Einzeln aufgezogen hat jede Flagge eine spezielle Bedeutung; der Buchstabe O bedeutet „Mann über Bord“.

Buchstabe A

Buchstabe B

Buchstabe C

Buchstabe D

Buchstabe E

Buchstabe F

Buchstabe G

Buchstabe H

Buchstabe I

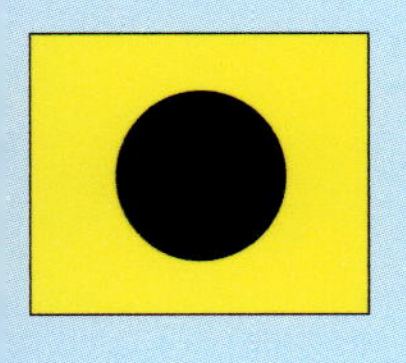

Buchstabe J

Buchstabe K

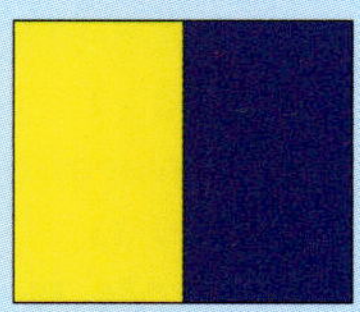

Buchstabe L

Buchstabe M

Buchstabe N

Buchstabe O

Buchstabe P

Buchstabe Q

Buchstabe R

Buchstabe S

Buchstabe T

Buchstabe U

Buchstabe V

Buchstabe W

Buchstabe X

Buchstabe Y

Buchstabe Z

Ziffer 0

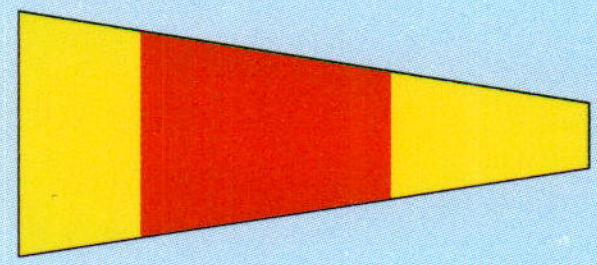

Ziffer 1

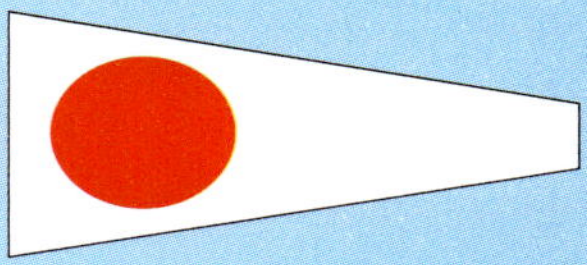

Ziffer 2

Ziffer 3

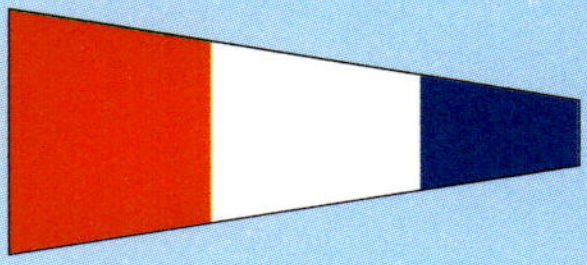

Ziffer 4

Ziffer 5

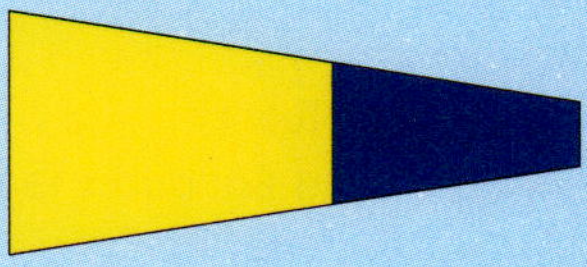

Ziffer 6

Ziffer 7

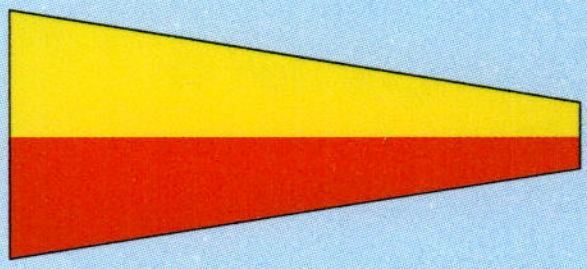

Ziffer 8

Ziffer 9

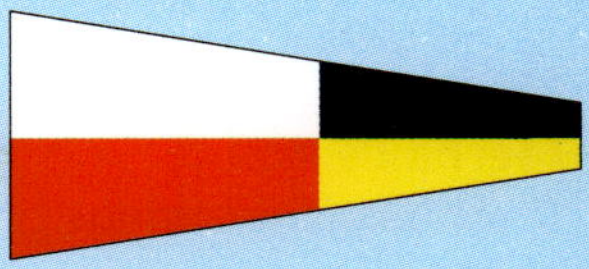

1. Hilfsstander

Wiederholt die erste Flagge

2. Hilfsstander

Wiederholt die zweite Flagge

3. Hilfsstander

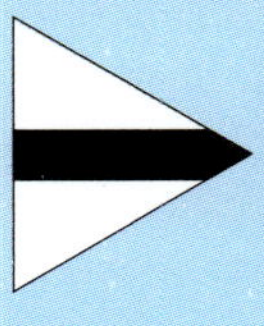

Wiederholt die dritte Flagge

Antwortwimpel

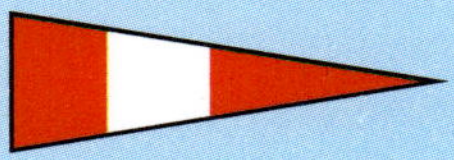

Ende der Botschaft

REGISTER

ATLANTISCHER OZEAN
Nördlicher Wendekreis
PAZIFISCHER OZEAN
ÄQUATOR
Südlicher Wendekreis